AF356121

ORDONNANCE

DES
PRESIDENS ET TRESORIERS

DE FRANCE,

GÉNÉRAUX DES FINANCES,

Juges des Domaines de la Généralité de Flandres, Artois, Hainaut & Cambresis.

Du 21 Mars 1771.

LILLE:
De l'Imprimerie de N. J. B. PETERINCK-CRAMÉ,
Imprimeur ordinaire du Roi.

DE PAR LE ROI.

LES PRÉSIDENS ET TRÉSORIERS

DE FRANCE,

GÉNÉRAUX DES FINANCES,

Juges des Domaines de la Généralité de Flandres, Artois, Hainaut & Cambrefis.

SR ce qui Nous a été remontré par le Procureur u Roi , que l'une des principales fonctions des Tréforiers de France étoit de procéder à la vérification & entérinement des Edits, Déclarations & Lettres de conceffions généralement quelconques accordées par Sa Majefté.

Que fi l'on vouloit confulter les faftes de la Monarchie , fi l'on remontoit jufques au temps de l'inftitution des Tréforiers Généraux des Finances , il feroit aifé de fe convaincre du foin particulier que les Rois ont toujours eu de prefcrire cette formalité , pour donner à leurs Édits, & principalement à leurs Dons , toute l'autenticité néceffaire pour en affurer l'exéfution & prévenir les abus qui pouvoient s'en faire.

4

Cette intention de nos Rois toujours permanente s'eft manifeftée d'une manière folemnelle fous Charles VIII. lorfque ce Prince, avant fon voyage d'Italie, occupé de la réformation de fes Finances & de l'amélioration & entretien de fes Domaines, ordonna par une Déclaration du 24 Juin 1492, que dorénavant toutes Lettres de Dons ou Aliénations, foit de fes Domaines ou Aides, Remiffions, Octrois & autres, *feroient adreffées aux Gens des Comptes & aux Tréforiers & Généraux des Finances.*

Louis XII. Succeffeur de ce Prince, s'expliqua fur ce même objet d'une manière non moins pofitive; il ordonna par fa Déclaration de 1498, que tous les Dons & Octrois qu'il pourroit accorder, feroient réduits à la moitié au profit des impétrans, l'autre devant être réfervée à fon Domaine, faifant, dit-il, *expreffe inhibition, commandement & défenfes à nos amés & féaux les Gens de nos Comptes & Tréforiers Généraux de nos Finances, ils ne (les) paffent, vérifient ou confentent que pour moitié feulement, quelques Lettres, Acquits & Mandemens qu'ils en aient ou puiffent avoir & obtenir de Nous.*

Cette Déclaration fut adreffée en conféquence tant aux Officiers des Comptes qu'aux Tréforiers Généraux des Finances, & elle prouve que dès lors leur principale occupation étoit d'entériner & vérifier les graces accordées par le Prince, & d'affurer par les foins de leur miniftère la manutention & la confervation de fes droits & de fes Domaines.

Cette formalité a été jugée tellement néceffaire, principalement à l'égard des Lettres de naturalité, que le Roi Henri III. par fon Edit du mois de Septembre 1581, enrégiftré au Parlement le 7 Septembre 1583, a ordonné que ceux qui obtiendroient des Lettres de naturalité, légitimation & déclaration, feroient tenus de les faire enrégiftrer en la Chambre du tréfor, un mois après la vérification en la Chambre des Comptes, *à peine de nullité defdites Lettres, & jufqu'à ce, ajoute cet Edit, défendons aux impétrans d'icelles de s'en aider, & à nos amés & féaux Confeillers de notredit tréfor & à tous autres nos Juges & Officiers, d'y avoir aucun égard.*

Ainfi, tout concourre à prouver, que l'enrégiftrement de toutes Lettres de grace, dans le Greffe des Officiers du tréfor, eft indifpenfable. Leurs fonctions même en cette partie ne fe bornent pas à un fimple enrégiftrement, ils ont été autorifés dans tous les temps à modifier, felon les circonftances, les Lettres qui leur font préfentées; non pas qu'ils s'attribuent le droit de mettre des bornes aux graces accordées par Sa Majefté, mais parce que les loix anciennes de la Monarchie, & celles principalement qui ont pour

objet la confervation des Domaines du Souverain , font immuables ;
qu'il peut s'être gliffé , dans les Lettres de conceffions faites à des
particuliers , des termes fujets à des conféquences dangéreufes contre
le maintien de ces loix facrées ; & qu'il eft du devoir des Officiers,
qui font chargés par état , de les faire exécuter , d'expliquer la
volonté du Prince, de manière qu'elles n'en foient point offenfées.

Il feroit trop long au furplus de parcourir la fuite immenfe des
Lettres-Patentes portant conceffion de quelques graces ou octrois ,
foit en faveur des communautés , foit en faveur des particuliers ,
qui ont été adreffées, pendant tous les Règnes , aux différens Bureaux
des Finances , chacun dans l'étendue de fon Reffort.

Il fuffira de jetter les yeux fur le difpofitif de l'Edit de création
de ce Bureau, qui a été érigé à l'inftar des autres Bureaux des
Finances du Royaume , & en particulier du Bureau des Finances
de la Ville & Généralité de Paris ; cet Edit porte que les Tréforiers de France de ce Bureau , procéderont à l'*Enrégiftrement des*
Lettres d'Anobliffement , Chevalerie , d'érection de Terre en dignité ,
Marquifat , Comté , Baronie , Lettres d'Octrois & autres conceffions
qui feront accordées , de nouveau confirmées ou continuées aux particuliers
ou Communautés.

Des termes auffi clairs ne permettent aucune exception ; &
dans l'origine de l'inftitution de ce Bureau , tous ceux qui , dans
fon Reffort, avoient obtenu des Lettres de cette nature , rempliff-
foient, avec autant d'empreffement que d'exactitude, cette obligation
importante , & qui n'eft pas moins utile aux fujets qu'au Monarque,
puifqu'elle a pour objet de réunir & conferver dans un dépôt facré
les titres précieux de leur état ou de leur fortune.

En effet , le Bureau des Finances établi en cette Ville pour toutes
les Provinces conquifes par le feu Roi , & réunies à la Couronne
par les traités d'Aix-la-Chapelle , d'Utrecht & de Nimegue , a été
créé particuliérement pour la confervation des Chartes , Dons &
Conceffions de Sa Majefté ; & il repréfente & tient lieu à cet égard
de l'ancienne Chambre des Comptes, établie par Philippe le Hardi,
Duc de Bourgogne , de la Maifon de France , en 1385.

C'eft à raifon de cette repréfentation , que l'Edit de création de
ce Bureau a ordonné qu'il tiendroit fes féances dans le même Palais
où fiégeoit cette Chambre , dont il remplit les principales fonctions
dans les Provinces de fon Reffort.

Si les particuliers qui ont obtenu des graces du Souverain , fi les
Communautés même , à qui Sa Majefté a bien voulu continuer des
Octrois ou autres Conceffions , ont négligé de fatisfaire à l'obligation

effentielle de l'enrégiftrement au Greffe de la Cour , il eft de fon devoir de requérir qu'ils y foient rappellés par une Ordonnance folemnelle , & de fe faire autorifer même à les y contraindre , en cas de néceffité, par des pourfuites juridiques , fuivant les dénonciations qui lui en feroient apportées, ou les découvertes qu'il en pourroit faire. REQUÉROIT A CES CAUSES , ledit Procureur du Roi, qu'il foit ordonné que la difpofition ci-deffus mentionnée , de l'Edit de création de ce Bureau, fera exécutée felon fa forme & teneur ; en conféquence que tous particuliers , Communautés ou autres , qui ont ci-devant obtenu de Sa Majefté des Lettres portant Anobliffement de leur perfonne , décoration de Chevalerie , érection de Terre en dignité , Marquifat , Comté , Baronie , Lettres d'Octrois & autres Conceffions qui leur auront été accordées, de nouveau confirmées ou continuées , lefquelles n'ont point été duement enrégiftrées au Greffe de la Cour , feront tenus de les repréfenter , dans le mois de la publication de l'Ordonnance à intervenir , pour être procédé à leur enrégiftrement pur & fimple , s'il y échet ; à quoi faire ils feront contraints par toutes voyes dues & raifonnables ; & qu'il foit enjoint pareillement à tous particuliers , Communautés ou autres , qui obtiendront dans la fuite de femblables Lettres, de les faire enrégiftrer, dans le même délai , à peine d'y être contraints comme deffus ; & que l'Ordonnance à intervenir , foit imprimée , lue , publiée & affichée , tant dans cette Ville , que dans toutes les autres Villes & principaux Bourgs du Reffort , à ce que perfonne n'en puiffe prétendre caufe d'ignorance , & ait à s'y conformer.

Vu ledit Requifitoire , & y ayant égard. Ouï le rapport de Meffire Charles-Jofeph LELEU , Tréforier de France , & tout confidéré : Nous avons ordonné & ordonnons que la difpofition de l'Edit de création de ce Bureau, du mois de Septembre 1691, concernant l'enrégiftrement des Lettres d'Anobliffement , Chevalerie , d'érection de Terre en dignité , Marquifat , Comté , Baronie , Lettres d'Octrois & autres Conceffions qui feront accordées , de nouveau confirmées ou continuées aux particuliers & Communautés , fera exécutée felon fa forme & teneur ; en conféquence que tous particuliers , Communautés ou autres , qui ont ci-devant obtenu de Sa Majefté des Lettres portant Anobliffement de leur perfonne , décoration de Chevalerie , érection de Terre en dignité , Marquifat , Comté , Baronie , Lettres d'Octrois & autres Conceffions qui leur auront été accordées , de nouveau confirmées ou continuées , lefquelles n'ont point été duement enrégiftrées au Greffe de la Cour , feront tenus de les repréfenter, dans le mois de la publication de la préfente Ordonnance, pour être procédé à leur enrégiftrement pur & fimple, s'il y échet; à quoi faire ils feront contraints par toutes voyes dues & raifonnables : Enjoignons à tous particuliers, Communautés ou autres, qui obtiendront dans la fuite de femblables Lettres, de les faire enrégiftrer, dans le même délai, à peine d'y être contraints comme deffus. Et fera la préfente Ordonnance lue & publiée, l'Audience tenante, imprimée & affichée, tant dans cette Ville, que dans toutes les autres Villes & principaux Bourgs du Reffort, à ce que perfonne n'en puiffe prétendre caufe d'ignorance, & ait à s'y conformer. Mandons en conféquence au premier notre Huiffier de faire, pour l'exécution des Préfentes, tous Actes & exploits né-ceffaires. DONNÉ au Bureau des Finances & Domaines de la Généra-lité de Flandres, Artois, Hainaut & Cambrefis, fous notre fcel ordinaire, le vingt-un Mars mil fept cent foixante - onze.

Signé, L. CASTELLAIN. *Et fcellé.*

Lu & publié au Bureau des Finances & Domaines de la Généra-lité de Lille, l'Audience tenante, le vingt-un Mars mil fept cent foixante-onze, par le fouffigné Greffier en chef dudit Bureau.

Signé, L. CASTELLAIN.

EDIT DU ROI,

Pour confirmation des Anoblis depuis 1715.

Donné à Verfailles au mois d'Avril 1771.

Regiſtré en Parlement le 26 Juillet 1771.

OUIS, par la grace de Dieu, Roi de France & de Navarre : A tous préfens & à venir ; Salut. Une obligation indifpenfable & diftinctive de la Nobleffe, eſt de fervir utilement l'Etat, & ce n'eſt qu'à ce titre feul qu'elle jouit de tous les grands priviléges & avantages qui l'élévent fi fort au-deffus des autres Citoyens ; il Nous a donc paru jufte que ceux qui font nouvellement parvenus à ce degré d'honneur, & uniquement parce qu'eux-mêmes, ou leurs peres & ayeux, ont poffédé quelques-uns des Offices auxquels la Nobleffe eſt attachée, ou obtenu de Nous des Lettres d'Anobliffement, fecouruffent l'Etat, en aidant d'une manière particuliére à fa libération. Nous nous fommes déterminés en conféquence à demander à tous lefdits Anoblis un fecours en argent, au moyen duquel ils demeureront confirmés dans le privilége de Nobleffe, eux & leur poftérité née ou à naître en légitime mariage. A l'égard des Anoblis par Charges municipales, ou dans les Chancelleries près de nos Cours & Confeils Supérieurs, même dans les Bureaux des Finances, lefquels pourroient fe refufer à Nous donner cette preuve de leur zèle pour le foulagement de l'Etat, il Nous a paru qu'il y auroit d'autant moins d'injuftice à les déclarer déchus dudit privilége, que les Charges & Offices dont ils le tiennent, n'ont pu leur être onéreux, quelques-uns fe conférant gratuitement, tels que ceux de Maires & Echevins, Jurats, Confuls & Capitouls d'aucunes Villes de notre Royaume, & les autres qui fe confèrent à prix d'argent, n'ayant eu pour la plûpart jufqu'à nos Edits des mois de Septembre 1755 & Août 1758, que des finances très-modiques, peu proportionnées aux avantages y attachés, & dont d'ailleurs leurs Titulaires après vingt années d'exercice, ou à leurs décès leurs veuves, enfans & héritiers, fe font remboursés, & fouvent avec profits, par la vente qu'ils ont faite defdits Offices. D'après cette confidération, on ne pourroit regarder ceux defdits Anoblis qui ne fe porteroient pas à fubvenir aux befoins de l'Etat, que comme de fimples Privilégiés, également à charge au Corps de la Nobleffe, dont ils ne partigeroient pas les travaux, & aux Peuples, qu'ils n'aident point à fupporter le poids des Impofitions, & qui en fuppofant qu'ils fuffent en perte de quelques frais de provifions, & de réception, en feroient fuffifamment indemnifés par les exemptions dont ils ont joui jufqu'à ce jour. Ayant de même reconnu que nos Commiffaires & Contrôleurs des Guerres, outre différens Priviléges joints à des gages & émolumens confidérables, eu égard à la Finance de leurs Offices, jouiffent encore de l'exemption du droit de Franc-fief, l'une des principales prérogatives de la Nobleffe, quoique cette exemption ne leur ait point été accordée par les Edits de création de leurs charges, Nous avons jugé que la continuation de cette immunité deviendroit trop onéreufe à l'Etat, fi pour y être confirmés, ils ne contribuoient par un fecours proportionné à l'avantage qu'ils font dans le cas d'en retirer. Nous efpérons au refte, que tous en général fe porteront d'autant plus volontiers à fignaler leur zèle, que Nous nous fommes bornés à ne leur demander qu'une finance modique. A ces causes, & autres à ce Nous mouvant, de l'avis de notre Confeil, & de notre certaine fcience, pleine puiffance & autorité Royale, Nous avons par le préfent Edit, perpétuel & irrévocable, dit, ftatué & ordonné, difons, ftatuons & ordonnons, Voulons & Nous plaît ce qui fuit :

ARTICLE PREMIER.

Tous ceux de nos Sujets, qui depuis le premier Janvier 1715, ont été Maires, Echevins, Jurats, Confuls, Capitouls, ou revêtus de quelques Offices municipaux des différentes Villes de notre Royaume, ou autres, auxquels font attachés les Priviléges de la Nobleffe tranfmiffible, à l'exception de notre bonne Ville de Paris; tous ceux qui ont été pareillement Anoblis, comme ayant obtenu nos Lettres de Vétérance, après avoir été pourvus, foit au fecond degré d'Offices de Préfidens, Tréforiers de France, de nos Avocats, Procureurs & Greffiers en chef aux Bureaux des Finances des Généralités & Provinces de notre Royaume, foit au premier degré de pareils Offices, en notre Bureau des Finances & Chambres du Domaine de Paris, comme auffi d'Offices de nos Conseillers, Secrétaires, Audienciers, Gardes des Sceaux & autres dans nos Chancelleries près de nos Cours & Conseils Supérieurs; tous ceux auxquels depuis ladite époque Nous avons accordé des Lettres d'Anobliffement, Lettres ou Arrêts de notre Conseil, de maintenue ou réhabilitation, avec Anobliffement, en tant que de befoin, feront & demeureront confirmés à perpétuité, comme Nous les confirmons par Notre préfent Edit, dans tous les droits & priviléges de Nobleffe, eux & leurs enfans, & defcendans en ligne directe, & de légitime mariage. Voulons en conféquence qu'ils jouiffent de tous les titres & prérogatives des autres Nobles de notre Royaume, que comme tels ils foient infcrits dans le Catalogue des Nobles, & qu'ils ne puiffent être troublés à l'avenir en ladite jouiffance de Nobleffe & infcription de Catalogue, pour quelque caufe, & fous quelque prétexte que ce foit, ni fujets à aucuns droits de confirmation, le tout en nous payant par chacun d'eux la fomme de fix mille livres, & les deux fols pour livre.

I I.

Les enfans & defcendans mâles de ceux defdits Anoblis mentionnés au précédent article, dont les peres font décédés depuis ledit jour premier Janvier 1715, ou pourroient décéder dans l'intervalle de fix mois, à compter du jour de la publication de notre préfent Edit, fans avoir payé la finance portée par icelui, feront & demeureront également confirmés dans les droits & priviléges de Nobleffe, tout ainfi que s'ils étoient iffus de noble & ancienne extraction, en payant, par les enfans ou repréfentans en ligne directe du defunt, en quelque nombre qu'ils foient, ladite fomme de fix mille livres, s'ils veulent être maintenus dans les priviléges de la Nobleffe; & dans la quittance de finance fera fait mention des noms de ceux qui auront payé ladite fomme, à l'effet de quoi il fera délivré à chacun un duplicata de ladite quittance.

I I I.

Voulons que les veuves reftées en viduité des différens Anoblis defignés aux articles I.er & II. du préfent Edit, même les filles demeurées dans le célibat après l'âge de majorité, foient confervées & maintenues, les maintenons & confervons dans la jouiffance des exemptions, droits & priviléges de Nobleffe, à condition par elles de payer, fçavoir par les veuves fans poftérité de leur mariage, & par les filles la fomme de quinze cens livres, & par les veuves ayant de leur mariage des enfans, ou autres defcendans, la fomme de fix cens livres

4

feulement : Exemptons dudit payement les filles qui auroient été ré-
duites à leur légitime.

I V.

Confirmons pareillement dans la jouiffance, leur vie durant, des
exemptions, droits & priviléges attachés à la Nobleffe perfonnelle,
ceux qui, après avoir été pourvus au premier degré d'Offices de Préfidens, Tréforiers de France, de nos Avocats, Procureurs & Greffiers
en chef aux Bureaux des Finances des Généralités & Provinces de
notre Royaume, ont obtenu des Lettres de Vétérance, fans avoir d'enfans pourvus des mêmes Offices, même les veuves reftées en viduité,
tant defdits Officiers vétérans, que de ceux décédés titulaires defdits
Offices, à condition de payer; fçavoir, par lefdits Officiers vétérans
la fomme de dix-huit cens livres, & par les veuves celle de neuf cens
livres feulement, enfemble les deux fols pour livre defdites fommes.

V.

Les fommes mentionnées aux quatre précédens articles, & les deux
fols pour livre d'icelles, feront payées entre les mains du Tréforier de
nos revenus cafuels, & des deniers extraordinaires, conformément aux
rôles qui feront arrêtés en notre Confeil, en deux termes égaux, dont
le premier dans fix mois, à compter du jour de la publication de notre
préfent Edit ; & le fecond dans les fix mois fuivans : Voulons que
ceux qui completteront la totalité dudit payement, dans les premiers
fix mois, foient & demeurent déchargés des deux fols pour livre.

V I.

Lefdits Anoblis, leurs veuves, enfans & defcendans feront tenus
de faire enrégiftrer leurs quittances de finance aux Greffes des Villes
& Communautés où ils font réfidens, même dans les Pays d'Etat, ou
au Greffe de l'Election dans le reffort de laquelle ils feront domiciliés, & de joindre à ladite quittance de finance une copie colla-
tionnée de leurs titres d'Anobliffement, à l'effet d'être ladite copie en-
voyée au Procureur général, dans le mois, par fon Subftitut éfdits lieux
& Jurifdiction ; comme auffi par le Directeur de nos Fermes des Domaines & Franc fief en chaque Généralité, lequel tiendra à cet effet
un regiftre en bonne forme, & ce dans le délai de trois mois, à
compter du jour de l'expédition de la quittance de finance, & feront
lefdits enrégiftremens faits *gratis* & fans frais.

V I I.

Faute par aucuns defdits Anoblis, leurs veuves & enfans & defcendans, d'avoir, dans les délais ci-deſſus preſcrits, payé leſdites ſommes, & fait regiſtrer leurs quittances de finance, par-tout où il eſt ordonné par l'article VI. ci-deſſus, voulons qu'ils demeurent déchus du titre de Nobleſſe acquis par Charges ou Lettres qui leur aura été par Nous accordées depuis le premier Janvier 1715, & de tous les priviléges, prérogatives & exemptions y attachés, ſans que ladite peine puiſſe être réputée comminatoire ; qu'en conſéquence ils ſoient à l'avenir compris aux rôles des Tailles & autres impoſitions, comme les autres contribuables, & aſſujettis comme eux aux autres charges publiques ; & à l'égard de ceux qui poſſederont des Fie's, Terres & Seigneuries, & autres biens nobles, qu'ils ſoient ſujets au droit de Franc-Fief, & puiſſent être contraints au payement d'icelui, comme nos autres ſujets non-nobles & roturiers : Ordonnons pareillement qu'ils ſeront retranchés du Catalogue des Nobles dans les cas où ils y auroient été inſcrits, leur faiſant très-expreſſes inhibitions & défenſes de prendre à l'avenir aucuns titres & qualifications de Nobleſſe, ſous les peines portées par les Réglemens.

VIII.

Ceux & celles qui, faute d'avoir payé les ſommes & rempli les formalités preſcrites par le préſent Edit, ſe trouveront déchus des priviléges & exemptions de nobleſſe, ſeront taxés d'office à la Taille, & autres impoſitions au prochain département par les ſieurs Intendans & Commiſſaires départis dans nos Provinces & Généralités, dans les Villes & Paroiſſes où ils font leur réſidence ; & pour les années ſuivantes, ils ſeront employés dans les rôles deſdites Tailles, & autres contributions par les Habitans, Collecteurs & autres prépoſés, pour en faire la répartition. Enjoignons à cet effet aux Officiers des Elections, aux Maires & Echevins des Villes, Syndics & Collecteurs des Paroiſſes, d'envoyer aux ſieurs Intendans & Commiſſaires départis dans leur Généralité, des Etats très-exacts & certifiés véritables, contenant les noms, ſurnoms & demeures, tant ceux deſdits Anoblis qui auront fait enrégiſtrer leſdites quittances de finance, que de ceux qui ſeront dans le cas de la déchéance, & de leurs biens, tenures & facultés.

I X.

Dans le cas où aucuns deſdits Anoblis mentionnés aux articles I, II, III & IV du préſent Edit, ayant, pour les cauſes énoncées en l'article VIII ci-deſſus, renoncé au bénéfice de confirmation, transféreroient leur domicile dans quelques-unes des villes franches abonnées ou tarifées, voulons que, conformément à l'article XXVIII de notre Edit du mois d'Août 1715, ils continuent de payer la taille pendant dix années conſecutives, dans les villes, bourgs & paroiſſes taillables qu'ils

auront quittées, & où ils se trouveront domiciliés au jour de la publication du présent Edit, sans qu'ils puissent être déchargés de la con-
tribution aux tailles desdites villes, bourgs & paroisses taillables, pour
quelque cause ou prétexte que ce soit, à l'effet de quoi Nous ordonnons que toutes les maisons, héritages & autres biens, qu'ils possèdent dans l'étendue desdites villes, bourgs & paroisses taillables,
seront & demeureront spécialement, & par privilége, affectés & hypoté-
qués au payement des impositions, pour lesquelles ils seront compris
dans les rôles.

X

N'entendons comprendre dans les dispositions de notre présent Edit,
ceux desdits Anoblis depuis 1715 par charges ou autrement, ou leurs
enfans & descendans qui servent actuellement dans nos armées de terre
& de mer, & les veuves, enfans & descendans de ceux qui pourroient avoir été tués ou qui seroient décédés dans nos armées; n'entendons pareillement comprendre ceux qui sont actuellement revêtus
de charges & offices donnant la noblesse au premier degré, ou gra-
duelle, à la réserve des offices des Villes, les pourvus des offices
de nos Chancelleries près nos Cours, qui auroient acquis en Vétérance depuis le mois de Septembre 1755, ou seroient décédés ayant
paye le supplément de finance ordonné par ledit Edit, ni leurs veuves, enfans & descendans, ni ceux qui pourroient avoir obtenu de
Nous des Lettres d'Anoblissement pour services rendus dans les grades
d'Officiers dans nos Troupes de terre, sur nos Vaisseaux & dans nos
Colonies, ou pour autres services rendus à l'Etat, tous lesquels Nous
avons maintenus & confirmés, maintenons & confirmons dans tous
les droits & priviléges de la Noblesse, pour eux & leur postérité,
sans Nous payer aucun droit de confirmation, dont Nous les dispensons.

X I.

Les Commissaires & Contrôleurs Provinciaux & ordinaires des
Guerres, & autres qui jouissent actuellement, à cause desdites chargés,
de l'exemption du droit de Franc-fief pour les biens nobles qu'ils
possèdent en vertu d'Arrêts ou décisions de notre Conseil, continue-
ront de jouir de ladite exemption tant qu'ils exerceront lesdites charges, même après en avoir obtenu nos Lettres de Vétérance, ainsi que
les veuves desdits Officiers restées en viduité, encore que ladite exemption ne soit exprimée dans les Edits de création, provision & autres titres desdites charges, ou qu'il y ait été depuis dérogé, sous
la condition toutefois de payer chacun respectivement pour ladite confirmation, entre les mains du Trésorier de nos revenus casuels, dans
six mois pour tout délai, à compter du jour de la publication du présent
Edit, les sommes ci-après, ensemble les deux sols pour livre d'icelles,

ſcavoir, par les Commiſſaires Provinciaux & ordinaires des Guerres'
& ceux à la ſuite de notre Maiſon, actuellement titulaires, deux mille
ſept cens livres, par les Vétérans treize cent cinquante livres, & par
leurs veuves neuf cens livres, par les Contrôleurs Provinciaux & ordinaires des Guerres, & ceux à la ſuite de notre Maiſon actuellement titulaires, ſept cent cinquante livres ſeulement, en conſidération du ſupplé-
ment des finances par eux payé, en vertu de l'Arrêt de notre Conſeil
du 16 Mai 1757; par les Vétérans treize cent cinquante livres, & par
leurs veuves neuf cens livres, & faute par leſdits Officiers & leurs veuves
d'avoir payé leſdites ſommes dans les délais ci-deſſus, voulons qu'ils
ſoient contraints au payement du droit de Franc-fief pour les biens
nobles qu'ils poſſèdent, à moins qu'ils ne juſtifient de la nobleſſe d'extraction. SI DONNONS EN MANDEMENT à nos amés & féaux Conſeillers,
les Gens tenant notre Cour de Parlement & Chambre des Comptes à
Paris, que notre préſent Edit ils aient à faire lire, publier & regiſtrer,
& le contenu en icelui garder, obſerver & exécuter ſelon ſa forme &
teneur, nonobſtant toutes choſes à ce contraires, auxquelles Nous avons
dérogé & dérogeons par le préſent Edit, aux copies duquel collationnées
par l'un de nos amés & féaux Conſeillers-Secrétaires, voulons que
foi ſoit ajoutée comme à l'original : CAR tel eſt notre plaiſir ; & afin
que ce ſoit choſe ferme & ſtable à toujours, Nous y avons fait mettre
notre ſcel. DONNÉ à Verſailles au mois d'Avril, l'an de grace mil
ſept cent ſoixante onze, & de notre règne le cinquante-ſixième. Signé,
LOUIS Et plus bas : Par le Roi, PHELYPEAUX. Viſa, DE MAUPEOU. Vû
au Conſeil, TERRAY. Et ſcellé du grand ſceau de cire verte, en lacs
de ſoie rouge & verte.

*Regiſtré, ouï & ce requérant le Procureur Général du Roi, pour être
exécuté ſelon ſa forme & teneur, & Copies collationnées d'icelui envoyées
aux Bailliages, Sénéchauſſées & Elections du Reſſort de la Cour, pour y
être lu, publié & regiſtré : Enjoint aux Subſtituts du Procureur Général du
Roi, d'y tenir la main & d'en certifier la Cour dans le mois ; & auſſi Copies
collationnées envoyées aux Conſeils Supérieurs, pour y être lu, publié & regiſtré, conformément à l'Edit du mois de Février dernier, ſuivant l'Arrêt
de ce jour. A Paris, en Parlement, toutes les Chambres aſſemblées, le vingt-
ſix Juillet mil ſept cent ſoixante-onze.*

Signé, LE JAY.

Collationné ſur la minute étant au Greffe de la Cour par Nous
Ecuyer, Conſeiller-Secrétaire, Maiſon, Couronne de France,
& l'un des deux ſervans près ſa Cour de Parlement.

Lille : De l'Imprimerie de N. J. B. PETERINCK-CRAMÉ,
Imprimeur ordinaire du Roi.

ARREST

DU CONSEIL D'ETAT

DU ROI,

Qui fixe le nombre de Chevaux qui pourront être attelés aux Charettes à deux roues.

Du 7 Avril 1771.

Extrait des Registres du Conseil d'Etat.

SUR les représentations qui ont été faites au Roi, en son Conseil, que malgré les sages dispositions de sa Déclaration du 14 Novembre 1724, par lesquelles Sa Majesté auroit expressément défendu à tous Rouliers & Voituriers, d'atteler plus de trois chevaux à leurs charrettes à deux roues, depuis le mois d'Avril jusqu'au mois d'Octobre, afin d'empêcher la dégradation des Chemins, les Voituriers ne gardent plus à cet égard aucune mesure ; & que par l'abus qu'ils font du nombre de chevaux qu'ils se permettent d'atteler à une feule charrette à deux roues, les fardeaux énormes dont ils les chargent, creufent des ornières profondes, ce qui occafionne les plaintes des Paroiffes qui travaillent aux réparations des grands Chemins, & qui feront bientôt hors d'état d'y fournir fi l'on n'y porte un prompt reméde. A quoi defirant pourvoir : Ouï le rapport; LE ROI ÉTANT EN SON CONSEIL, a ordonné & ordonne que fa Déclaration, du 14 Novembre 1724, fera exécutée felon fa forme & teneur; & en conféquence, fait Sa Majefté de nouvelles défenfes à tout Roulier ou Voiturier, foit qu'il voiture pour fon compte particulier ou pour d'autres, d'avoir à chaque charrette à deux roues plus de trois chevaux, depuis le premier Avril jufqu'au premier Octobre, & plus de quatre chevaux depuis le premier Octobre jufqu'au premier Avril ; à peine contre ceux qui auroient excédé le nombre de chevaux ci-deffus limité, de confifcation des chevaux, charrettes & harnois , & de trois cens livres d'amende, dont les deux tiers feront applicables à la décharge des impofitions de la Paroiffe fur laquelle la contravention fera reconnue , & l'autre tiers au dénonciateur. Permet Sa Majefté à ceux qui voudront fe fervir de chariots à quatre roues, d'y atteler telle quantité de chevaux qu'ils jugeront à propos : Enjoint Sa Majefté aux fieurs Intendans & Commiffaires départis dans les Provinces & Généralités du Royaume , de tenir la main, chacun en droit foi, à l'exécution du préfent Arrêt ; leur attribuant à cet effet par provifion & pendant trois années, à compter de ce jour, la connoiffance des contraventions qui feront faites aux difpofitions du préfent Arrêt, & icelle interdifant à toutes fes Cours & autres Juges. Ordonne en outre Sa Majefté que le préfent Arrêt fera publié & affiché par-tout où befoin fera. FAIT au Confeil d'Etat du Roi, Sa Majefté y étant, tenu à Verfailles le fept Avril mil fept cent foixante-onze. *Signé*, BERTIN.

LOUIS, PAR LA GRACE DE DIEU, ROI DE FRANCE ET DE NAVARRE, Dauphin de Viennois, Comte de Valentinois & Dyois, Provence, Forcalquier & terres adjacentes : A nos amés & féaux Conseillers en nos Conseils, les Srs. Intendans & Commissaires départis pour l'exécution de nos ordres dans les Provinces & Généralités de notre Royaume ; SALUT. Nous vous mandons & enjoignons par ces Présentes signées de Nous, de tenir, chacun en droit soi, la main à l'exécution de l'Arrêt dont extrait est ci-attaché sous le contre-scel de notre Chancellerie, cejourd'hui rendu en notre Conseil d'Etat, Nous y étant, pour les causes y contenues : Commandons au premier notre Huissier ou Sergent sur ce requis, de signifier ledit Arrêt à tous qu'il appartiendra, à ce que personne n'en ignore ; & de faire pour l'entière exécution d'icelui, tous actes & exploits nécessaires, sans autre permission, nonobstant clameur de haro, charte normande & lettres à ce contraires. Voulons qu'aux copies dudit Arrêt & des Présentes, collationnées par l'un de nos amés & féaux Conseillers-Secrétaires, foi soit ajoutée comme aux originaux : CAR TEL EST NOTRE PLAISIR. Donné à Versailles le septième jour d'Avril, l'an de grace mil sept cent soixante-onze, & de notre régne le cinquante-sixième. *Signé*, LOUIS. *Et plus bas*, Par le Roi, Dauphin, Comte de Provence. *Signé*, BERTIN. Et scellé.

POUR LE ROI. { *Collationné aux originaux par nous Ecuyer, Conseiller - Secrétaire du Roi, Maison, Couronne de France, & de ses Finances.* }

ANTOINE - LOUIS - FRANÇOIS LE FEVRE DE CAUMARTIN, *Chevalier, Marquis de St. Ange, Comte de Moret, Seigneur de Caumartin, Boissy-le-Châtel, Ville-Cerf,*

Dormeilles, Ville St. Jacques, Flagy, la Commanderie & autres Lieux, Conseiller du Roi en ses Conseils, Maître des Requêtes ordinaire de son Hôtel, Grand-Croix, Chancelier & Garde des Sceaux de l'Ordre Royal & Militaire de St. Louis, Intendant de Flandres & d'Artois.

*V*U l'Arrêt du Conseil d'Etat du Roi ci-dessus, & la commission expédiée sur icelui. Nous ordonnons que ledit Arrêt sera exécuté selon sa forme & teneur ; imprimé, publié & affiché par - tout où besoin sera à ce que personne n'en ignore : Mandons à nos Subdélégués d'y tenir la main, chacun en droit soi, & de nous dénoncer les contraventions qui pourroient venir à leur connoissance. Fait le dix Mai 1771. Signé, CAUMARTIN.

Lille : De l'Imprimerie de N. J. B. PETERINCK - CRAMÉ,
Imprimeur ordinaire du Roi.